Bibliografische Information der Deutschen Nationalbibliothek: Die Deutsche Nationalbibliothek verzeichnet diese Publikation in der Deutschen Nationalbibliografie; detaillierte bibliografische Daten sind im Internet über dnb.dnb.de abrufbar.

Herstellung und Verlag:
BoD – Books on Demand, Norderstedt

ISBN: 9783755701897

for m.

who silently built

the most magnificent of bridges.

indestructable. beautiful. boundless.

Mein schönstes Gedicht?

Ich schrieb es nicht.

Aus tiefsten Tiefen stieg es.

Ich schwieg es.

(Mascha Kaléko)

dis_____connected

stille

vorhang auf

zugbilder

aussitzen

schwerer als gedacht

verfärbung

sunny days

universal

since you have died

amorphous

autofahrt

unförmig

to progress

anders

herbstsonne

nightfall

sunt lacrimae rerum

200

die ersten kühlen tage

stethoscope

senza misura, colla parte

struggling arrival

mille feuilles

eingehüllt

verkühlt

meine farben

versunkene momente

optimierung

platzhalter

diffuses licht

surreal

to pause

die spitze der eisfläche

ein tag im november

leeway

zuwendung

to long

nightblue

serendipity

weihnachtsabend

next door

der erste tag

the bubmble bee's flight

schwingung

perpetuum mobile

rêve des chenilles

weitere kreise

music

an der alster

überfahrt

glencolmcille

summer solstice

morgenstunden

deep sea challenge

star dust

wellengang

unter pergament

über das ende hinaus

sommertage

sturmgeschichte

morgen am strand

schwalben

abend am meer

in aller frühe

end of summer

fahrt durch's sich ergebende jahr

unter staren

illuminati

old and new

senda boshi

innenansichten

am rande des parks

tagträume

kuba

glücksempfinden

freude aus dem nichts

metamorphose

atlantic ahead

pulsieren

dis_____

stille

selbst ausgeleuchtet
scheint die tiefe schwarz
und nimmt die töne
aus den wänden.
klangloses türmt sich
schwer an schwer
und tief an tiefer.
die eigenen schritte
ohne klang.
unter jedem gewicht
ein tonloser abdruck.
kein hochwärts wachsen.
kein ranken.
kein weg zum licht.
und nichts als
stille.
inmitten allen blühens.

vorhang auf

seine theatralik
reitet auf licht und schatten
bis es dunkel wird.
sein empfinden verliert
jedes gespür für den moment,
rennt hinaus aus dem alltäglichen,
bis es sich nur noch am steilhang
der übertreibung festkrallt.

das normale weiß bescheid und wartet -
die finger werden sich lösen
und übrig bleibt der freie fall.

ein einsamer, am ende lautloser flug,
der vergeblich um zuhörer ringt.

zugbilder

wie ein daumenkino

laufen die gleise am fenster vorbei

und erzählen doch immer nur

vom selben bild,

dem des nicht festhalten könnens.

kein standhalten im blick

selbst als der zug geschwindigkeit aufgibt.

und plötzlich - mit einem ruck: stillstand.

zwei schienen

und ein leerer bahnsteig.

aussitzen

es gibt tage ohne klang.

sie ziehen an mir vorbei,

als meinten sie jemand anderen.

keines der wörter gibt sich dann her,

kein bild lässt sich betrachten

und keine geste lädt mich ein.

selbst das gefühl am rand,

auf dem ich platz nehme

verklappt.

schwerer als gedacht

kein aufatmen.

denn dein fehlen

legt sich in jedes meiner bilder.

ich wate durch die nächtliche stadt

wie durch einen honigtopf.

farben, gerüche, töne - sie bleiben alle hinter glas.

die dumpfe schwere drückt mich

auf den grund meines herzens.

fassung suchend, verrinnt alles

in seinem treibsand.

ich finde nicht zu den worten und harre

sprach- und antriebslos der dinge.

mein atem beschlägt nicht mal

die scheibe nach draußen.

wie nicht verzagen?

verfärbung

das diffuse ist in voller maske

und seine grimasse schickt mich weg.

weg aus dem raumlosen,

hinein in vorgedachtes.

aber nichts dort passt.

keine verschwendung,

keine lösung, kein blick.

wohin also mit diesem firmament

das wolken aus zement hervorpresst,

tiefblaues überschwärzt

und dennoch keine nacht macht?

sunny days

building up under the surface i happily walk on
is a strange loss of orientation.
it keeps bubbling up under my feet.
my soles are like seismographs,
while my head just keeps jolting.

under the surface it keeps towering up,
forming invisible cliffs
that only my feet can feel,
until my knees start trembling.
they give way and i tilt over
in slow motion.

my head will crack on the boulders,
that are finally driving through
into the open.

universal

i need to reunite my worlds again.

they used to lean on each other,

circle around each other,

sometimes even embrace each other.

for too long, they grew apart

and now i have to

introduce them all over again.

it is awkward and slow,

they bump their heads and bellies.

but if i let them drift further apart,

the atmosphere will shift,

and i might get sucked into

a black hole.

since you have died

your death did not erode the peaks,

it elevated them.

but at their foot

i'm led through valleys

that are abysmal, dark and deep.

i plummet through their colourless air.

and curse the laws of physics.

amorphous

the words are raining
down beside me.
in puddles they rest
and i start diving,
following them,
as some of them
stretch out to the sea...

autofahrt

schon der zweite gänseschwarm
am grau verhangenen himmel,
der in entgegen gesetzte richtung fliegt.
ich sehe den vögeln nach,
wie sie mit ihren langen, gestreckten hälsen
zur reise in ihr winterquartier aufbrechen.
mit langsamen, kräftigen schwüngen
folgen sie ihrer inneren uhr.
für einen kurzen augenblick
ist mein herz voller süden
und ich wünsche mir nichts sehnlicher,
als mich in ihre formation einzureihen …
alles schmerzt, als mein blick ihnen
nicht mehr folgen kann,
und keines der gefühle,
die mich tragen,
mit mir im auto bleibt.

unförmig

es gibt wörter,

in denen die ganze welt liegt.

und es gibt wörter,

in denen sie erstirbt.

und die wörter dazwischen?

to progress

i yet haven't found a step

that carries all my weight.

so i keep trying

to feel my way in the dark.

i touch walls

that don't touch me

and bounce like a blind frog.

anders

ich setze mich heute

in einen anderen zug.

nicht den, der wieder zurückfährt.

einfach nur, um die sonne

anderswo untergehen zu sehen.

um andere schatten wachsen zu sehen.

um dich anderswo zu vermissen.

um schließlich mit dem selben lied

anders heimzukehren.

herbstsonne

mit welcher kraft sich die farben

ins sterben hinein drücken.

das leuchten hinter den blättern,

die sich nach dem welken

mit dem gewicht eines ganzen jahres

in die schwerkraft fallen lassen,

bis der letzte tod schließlich

die landschaft entkleidet

und wir frieren.

nightfall

i'm in transit.

leaving, moving, arriving -

none of the above.

i cover distances

that keep running

through my veins and

my mind is drawing circles

on the sheets i ask my body

to hold down.

sunt lacrimae rerum

there are tears in the matter of things

and their traces are bedded

in the valleys of our fugacity.

around it a decaying

landscape of scars

we build

by holding onto.

200

a big bang shook the universe,
the atmosphere evaporated,
while on the outskirts
two hundred days went by,
unnoticed.

two hundred days went by
and nothing changed.
while the blue ball spins
without a break.

two hundred days went by
and nothing stayed the same,
between your last heartbeat
and one of mine.

die ersten kühlen tage

die blätter fallen, und fallen

ins sterben hinein.

ich blicke dem deinen hinterher

und schleife noch immer grundlos

über dem meeresboden,

während die herbstsonne oben

das welken ausleuchtet.

das letzte satte grün, müde werdendes gelb

und ein kurzes feuerrot.

dazwischen pralle, glänzende kastanien,

die sich gerade erst der schwerkraft hingaben.

sie fallen, und fallen

in ein braunes meer hinein, das dort wartet,

erloschen und matt.

traumgleich sinken sie an mir vorbei

und ihre letzten farben

sind magnetengleich.

stethoscope

i break down my heartbeat

into the tiniest of fractions.

milliseconds that my heart turns into days

and weeks and months and years.

a life time spent on just one thought,

one sentiment that doesn't yet

know about its existence.

senza misura, colla parte

der letzte ton verklingt und das einsetzen

der stille setzt alles andere aus.

dein lied verstummt im außen

und mit ihm verliert ein teil

von meinem körper seine resonanz.

es ist ein vergehen im largo der zeit.

höhen, tiefen, pausen -

alles versammelt sich in diesem einen,

letzten ton.

einst schrittmacher, erzeugt er nun

die größten rhythmusstörungen,

die ein herz ertragen kann.

ein ohrenbetäubendes moll,

das die deinen auf derselben tiefe

abgesetzt hat. zwischen uns leerräume,

und wir kleben heute hilflos an der stille

der pause, die dein ende ist.

struggling arrival

trapped between two languages.

speechless amidst two slippery rocks

until i finally surrender, letting things slide

and simply watch the tides.

the final bits and pieces of this year

are unfolded by the gusty winds, scattered,

together with my unanswered questions

and brushed away by this year's hue.

the last thoughts flock together

being birds of no feather.

they watch and listen, fight and play

and try to clear the air.

to no avail.

it is steadfast claimed

by my unsettled heart.

pondering. wondering. venturing.

mille feuilles

heute würde ich gerne verschwinden

zusammen mit dem licht des tages.

welche dunkelheit wäre groß genug

all das hier zu überspannen?

als die nacht den raum erobert,

platzt es sprachlos aus mir heraus und kein gefühl

stellt sich hinten an. müde und wund

trifft kein wurfgeschoss das ziel. nichts

lässt sich bündeln, steuern.

die dinge schießen sich in blockaden hinein...

doch dann lässt endlich alles nach.

ein sich verausgaben im nirgendwo,

das auf tausend seiten die wörter mit sich reißt.

sie zeugen im sturz von nichts weiter

als vom loslassen im klammergriff.

eingehüllt

unverortet

klebe ich an diesem moment

und kann nicht sagen,

warum er mich

wie blei überzieht.

diffus

und wie ein irrtum

legt er seinen mantel um mich.

verkühlt

die kälte krallt sich an die schuhe,

zieht hinein und klettert hinauf.

zentimeter für zentimeter

schafft sie es über die knie

bis empor zur hüfte,

verlangsamt schritt und tritt.

unsere hoffnung:

dass es frühling wird

bevor sie das herz erreicht.

meine farben

sie dünnten sich erst aus

und sind dann ganz abgeflossen.

ich verlor sie. mit jedem schritt ein wenig mehr.

erst die hellen farben, dann sogar die dunklen.

und nachts verlor ich dann endgültig ihre fährte.

nach blinden stunden bäuchlings im grau,

fiel ein tupfer helles, zartes grün neben mich.

dann tropfte ein kleckser gelb herab.

schließlich drehte ich mich auf den rücken

und das hellblau des himmels

strich über meine stirn

und schrieb in großen lettern

auf meine brust:

hol' sie dir wieder!

versunkene momente

losgelöst, inmitten flutender bilder.

alles ist laut, und doch nur geräuschlosigkeit,

eine scheibe zwischen dort und hier.

dahinter, im wasser treibend,

ein hinabsinken in die tiefe ...

tauchen durch tausend räume,

die wie schlingpflanzen nach oben ranken und

tiefer wurzeln als im grund.

unten angekommen, geht es keinen schritt weiter

auf diesem gewaltmarsch,

der jahrzehnte kostet.

wieder freigegeben erfolgt

das abstoßen im nirgendwo

bis, endlich auftauchend,

der körper nach luft schnappt

und substanz.

optimierung

das ziel: gleichmachung.
ohne spielraum für das eigentliche
rückt der mensch immer mehr
an den funktionsbereich
der maschinen heran.

wir lassen uns
bis ins kleinste vermessen,
versklaven uns
an einen fremden rhythmus
und radieren unseren tastsinn
am bildschirm aus.

platzhalter

du fehlst. immer.

auch hier. besonders hier.

ständig bist du in meinen gedanken

und in meinem fühlen.

hier, mitten am tisch

in der flutenden musik.

wirr und irr,

sehnsüchtig und himmelsleicht.

rasend und melancholisch.

und abgewandt

auf einer seite,

die mir unzugänglich bleibt.

diffuses licht

es will schon gar nicht

richtig hell werden.

über den tag

in die nacht hinein

ohne unterschied.

nicht ein einziges mal

ein lichter moment,

der sonst das dunkel der nacht

wie eine zeltstange anhebt.

surreal

how strange is all this?

standing here while you are not.

forming useless words

while all that matters

is hovering between

those you left behind.

to pause

slipping and tripping

after the first full stop,

falling into an

illegible bracket.

spinning and twisting

after draining my thoughts,

line after line

after line.

obliterated by

the sudden chasm

of sound and time.

die spitze der eisfläche

und wenn das tiefste loch nicht schwarz ist,

sondern gleißend weiß,

nicht in tiefen abgründen zu finden ist,

sondern mitten auf der oberfläche

hauchdünn, flach und weit,

nicht hinter tausend türen

sondern unverborgen

im tageslicht?

ein tag im november

durch die stille der katastrophe

schreiten wir alleine.

und doch liegt auch in ihr

ein grundton,

der aus wurzeltiefen steigt.

fast lautlos schwingt er

in einer melodie,

die nicht verklingt:

die des verbunden seins.

leeway

what a funny movement that is:
letting go.
it belongs to the same group as
falling, sliding, drifting.
it takes effort in its effortlessness.
a movement hard to learn and impossible to master,
yet the most valuable in a whole life's repertoire
of motions.
it exists outside the laws of time.
no yesterday the fingertips hold onto.
no tomorrow inside bended knees.
no fastened heartbeat after exercising.
no head-turning.
no stopping.
you will never see
a more beautiful movement.
that is, if you can stand the sight.

_____connected

zuwendung

eine bewegung,

die raum und zeit

zusammen bringt.

die es vermag

dinge zu wenden.

eine haltung,

die vom innigsten zeugt

was das menschliche

zu bieten hat.

nightblue

all colours tucked away

our hearts start healing.

sheltering each other

worlds and worlds away

we look around

and see the nightsky

has dropped

its last blue

on us.

serendipity

my hours start and end with you.

your hands pick up my mornings

and tenderly lay out my nights.

your smile lifts me up

from head to toe.

your voice can make my heart race

or skip a beat

and calm down every thought i've ever had.

your presence fills a void

your absence cannot take away.

and this is all that matters.

the moment that we'll meet again

will mend each fracture

of our hearts.

weihnachtsabend

ein lichtflutender vollmond

der gleich einer taschenlampe

wie durch ein loch am firmament

ins unbekannte,

dunkle innere leuchtet.

next door

the distant sound of a cello,

elevating the moment

with a forceful consistency in minor

that's second to none.

the sustained yearning of the bow

that composes you next to me.

a single moment

which disconnects a dream from its depth.

interlacing itself into the present,

it briefly covers the wound.

and again the cello.

continuing, preparing

for the silence afterwards.

der erste tag

an dem zitronenfalter tanzen.

an dem die erde wieder duft verstömt.

an dem sich die gesichter zur sonne drehen.

an dem sich neues in wärmere luft zeichnet.

nach all den nächten,

die sich zwischen die kurzen tage ketteten -

der erste sich öffnende tag

mit unbeschriebenen stunden.

the bumble bee's flight

ignoring all laws of aviation

it sheds the voice of its drones

unto the fields of spring.

flying low and steady

and with a fulness in its body

that defies the fact

that there ever was

a winter.

schwingung

über die ohren
bahnen sich die töne
ihren weg in die seele,
atmen in ihr auf
und weiten sie aus
bis ans gefühl des platzens.

und dann darüber hinaus.

in jede faser des körpers
strömt die melodie,
befreit sich von ihm
und öffnet neue räume.

perpetuum mobile

das quietschorange des sonnentellers
schiebt sich von unten ins bild hinein
hinter eine hauchdünne membran.
es schubst die noch trägen
flügel der vögel an,
die sich von den baumkronen
erheben.
in ihren krallen der frühnebel,
der sich versucht fest zu klammern.
alles hängt heute
im vieldimensionalen zusammen
und bewegt sich gegenseitig.

rêve des chenilles

ein überschäumender mittag
im hell- und dunkelgrün des waldes,
dessen blätter einen rahmen bauen,
für diesen augenblick im mai.
die sonne bringt das holz zum duften
und der wind bewegung in das bild.
eine braune raupe kriecht über die brüstung
der veranda und trifft auf eine grüne.
sie bewegen sich in nachgezogenen bögen
an einem glas grand cru vorbei.
ein traum steigt darin auf.
so wie die bläschen perlt und rennt er
unerklärlich aus dem nichts einer tiefen mitte empor
und treibt hinaus bis an die ränder.
erst mit der letzten perle, die erschöpft nach oben
klettert, steigt der traum an land
und verwischt seine spuren.

weitere kreise

mit jeder durchwanderten fremde

baut er sich neue heimat.

so wird aus

dem heimatlosen

irgendwann

ein behauster,

der von ort zu ort zieht,

wie andere durch ihre zimmer.

all das mit einem einzigen schlüssel.

music

elevated

you move on

with the promise in your heart

never to forget this moment,

that crossing borders

of body, soul and world.

an der alster

schnell sind wir uns

gewogen, verbündete,

an diesem frischen sommermorgen.

wir blicken auf ruhiges blau

in dem blasshühner und schwäne

ihre ersten runden ziehen.

der wind spielt mit unseren gedanken

und bewegt dich mehr als mich.

dein flirren an tausen enden

legt sich um mein strampelndes herz.

da treibt im wasser eine feder

und beobachtet unseren abschied.

erst am ende merke ich,

du warst eigentlich zu dritt.

meine morgentliche gesellschaft:

trauerweiden.

überfahrt

auf marmorspuren

gleiten wir über den kanal.

ruhige see mit tiefenblau,

bugwellenschaum

und ganz viel licht.

tanker und winzige segelschiffe

kleben am horizont

und möwen tragen

das weiß der kreidefelsen

im ausgebreiteten gefieder...

glencolmcille

nur für dich
baden meine füße
heute im meeresschaum,
in den torfbraunen wellen,
versinken im dunklen strand.
nur für dich
die blumen im sand.
nur für dich
streckt sich mein gesicht zur sonne,
klettert mein blick
in die weitergereichten wolken
und sucht den horizont.
nur für dich,
heute ein breites lächeln.
und so beschenkt mich,
noch selbst deine abwesenheit.

summer solstice

the wind makes the trees shed their spring clothes
onto my garden. like me, scattered,
they rest on the grass, when the wind shakes me
into an unexpected stillness.
finally...
swallows are circling above the wind.
underneath it, a million thoughts do disappear,
pulled off me by a daring summer breeze. and now?
i'm watching a cat watching a butterfly.
finally...
i close my eyes against the very last of thoughts,
shutting off everything but the senses
touch and sound.
the wind is both
and i slip back into this world,
i'm actually a part of.
finally.

morgenstunden

ein wunder himmel,
so aschfahl, dass er
sich selbst verdeckt.
nur seine ränder
hat er nicht im griff.
sie fransen aus, hängen herunter
und geben mir genügend faden
um mich hochzuziehen.
nur ein roter ist nicht dabei.
trotzdem nimmt das grau
langsam wieder farbe an,
befeuert von den ersten
warmen strahlen dieses tages.

deep sea challenge

i send down my divers

that float blindly

through the darkness of these depths.

most of the time

they surface empty-handed,

sometimes they return dizzy.

and on rare occasions

i lose one of them to the bends.

but once in a blue moon

they stumble across

an unseen shell.

stardust

i can't help but close my eyes

to the impact of this voice.

its warm volume, its heavy softness

its coming closer...

the room dissolves behind the dark

and with it all senses and ideas about dimension.

i can't tell if this singing seizes me from the outside

or if it's spreading from within.

it reaches a place created to glow

just for this very moment.

i can't help but slightly bend my head,

bring it closer to my heart

in what can only be an attempt

to shorten the distance to

a moment so striking

that it leaves a print upon my soul:

touched.

wellengang

im glitzern des wellengangs

scheint alles zu liegen.

das aufbäumen und der übermut.

das überschlagen und das vergehen.

in ihrem lichternetz

schimmert meine freude.

dort spiegelt sich meine dankbarkeit

und da finden sich alle tränen.

im glitzern der wellen

liegt heute mein abschied.

unter pergament

vom puls des lebens erreicht ein schlagen

die blau-lila linien, die angehoben werden

durch ein letztes, sich verausgabendes aufbäumen.

wieder und wieder

und wieder.

ohne unterlass

läuft es seinem ende entgegen.

stetig, schwerfällig.

und doch hört es nicht

einen einzigen schlag

vor seiner zeit auf.

über das ende hinaus

wenn hinter dem himmel kein versprechen mehr liegt

und der mond die nacht nur stört, statt zu beleuchten.

wenn der tag nichts mehr bereit hält

als angestrengtes atmen und starren ins dahinter.

wenn sich alles zurückzieht,

schmäler, dunkler wird, und tiefer.

wenn sich der körper abkämpft an sich

und aus der unmenschlichen länge heraus.

wenn am ende schließlich

auch das letzte hingenommen wird,

in aller zartheit.

dann bleibt nichts weiter als

das beisammensein

und hineinhören

in die zwischenstufe.

sommertage

in der kühle des weihers wird der körper zum seestern

- ein schwebendes glücksgefühl!

nur noch die eigene atmung ist hörbar, und über mir

vollkommenes blau. dazwischen ein flugzeug,

das in der ferne den himmel zerkratzt.

bäuchlings gleite ich vorbei an wasserläufern,

deren tanzende hundertschaften

wie formel eins piloten beim aufwärmen anmuten.

dicht darüber: das schwirren blauer libellen.

meine finger flirren im widerstand.

gleichmäßig und leise geben sie

meinen unterwasserrhythmus vor,

zu dem arme und beine wie die anzeiger

eines metronoms durch's wasser ziehen.

ein letztes abtauchen, gleiten, schwerelos sein,

bevor die füße wieder

im sandig-schlammigen grund aufsetzen.

sturmgeschichte

erst sehe ich den schwalben
bei ihrem abendluftigen spiel
neben dem münster zu, wie sie sich
zwischen backsteinrot und ahorngrün überschlagen -
ein auf und ab jagender sommerherzen.
dann sitze ich auf der nächtlichen terrasse,
fühle dem wind beim erstarken zu
während die baumkronen
immer weiter ausschlagen in ihrem tanz.
ein wiegendes biegen und rauschen,
aus dem hier und da ein leises knacken
abgestorbene ästchen abwirft.
dann stille.
erneutes aufbäumen
und schließlich regen.
er kommt und geht
wie ein tröpfelndes versehen.

morgen am strand

steine in allen farben und
muscheln wohin man sieht.
und was hebe ich auf,
um es nach hause zu tragen?
eine alte tonscherbe.
gebraucht und doch auf einer seite
strahlend weiß und unbeschrieben.
das passt.
die sonne wühlt durch meine stirn,
der wind hängt sich in meine kleider
und das meer spült neue tage an land.

schwalben

wie noten sitzen die vögel auf der stromleitung,
die melodie eines südlichen hochsommers
ins blaue malend:

sie streift über das silbergrün der olivenhaine
wird angehoben durch zypressen
und hüpft über das heiße terracottarot der ziegel.
erst am ende des blickes
wo das gebirge einhalt gebietet,
versammeln sich dur und moll im
dicht und dichter des gesteins.

von dort malt sich alles
einem neuen horizont entgegen,
fließt ins weite blau des meeres
und das herz klatscht beifall.

abend am meer

hinter dem palmendach
liegt die dunkelheit
eines ganzen tages.
dahinter, hinter dem schwarz
liegst du. überall und in allem.
im anzünden der zigarette,
im wegdrehen des gesichts,
im wippen des oberschenkels,
im begrüßungskuss,
im herunterbeugen des kellners,
im schneiden des essens.
im betrachten all dessen.
wie töricht dich zu vermissen,
muss mein blick es doch nur
durch die dunkelheit
hindurch schaffen.
zurück zum eigentlichen.

in aller frühe

im kiesstrand sitzend
warten wir auf das, was sich bereits
auf östliche wolken wirft:
ein kreisrunder, orangener ball,
der sich erstaunlich schnell
am horizont empor zieht.

ins wasser malen sich ein
gebrochener, leuchtender strahl
und lilafarbene schlieren hinein.
wir gleiten und tauchen
um all das mit an land zu nehmen.

und das unbeschreibliche?
das tragen die möwen
unter ihren schwingen.

end of summer

one last jump into

the waves of salty waters.

one last dive and then emerging,

floating belly-up.

one last time like reptils on stones

letting the sun sink

into the marrow of our bones.

one last time on heated earth

facing the bright light of summer.

then, a silence hits the rocks

we're stretched out on,

that can only be summoned by

the end of a journey.

our bodies are warm and grounded.

and the crying of cicadas

only amplifies our stillness.

fahrt durchs sich ergebende jahr

wände aus bunt bröckeln auf die straßen.

aus ihnen fällt leuchtendes gelb,

ocker, feuerrot und hellstes grün.

dramatisch ranken die kletterpflanzen,

die in ihrer flucht nach oben

die letzten farben des jahres

wie ausrufezeichen

mit in die vertikale nehmen

und sie ins sterben verschießen.

das langsamste feuerwerk der welt

entzündet die pupille.

ein tunnel aus herbstbäumen

spült mich nach endlosen sekunden

zurück hinaus aufs sterbende

braungrau der landschaft. -

thanatos als goldschmied

und keine zeit ist geraubt.

unter staren

in formation schwärmen sie auf und nieder,

ziehen weiche, lange kurven, die mit abrupten

wechseln in die luft gezeichnet werden.

welcher vogel ist gerade dirigent?

in ihrer hundertschaft muten sie an

wie punktbilder, deren linien ich noch nicht

zu verbinden vermag.

plötzlich dreht der schwarm bei,

zieht schnurstracks auf mich zu

und überfliegt mich und meine gedanken

im rasanten flug und dreht erst

im letzten moment nach oben ab.

ihr synchroner flügelschlag

ist mir so nah, dass ihr lautloser flug

geräusch wird, mich für einen kurzen moment

anhebt, aufhebt

und hinfort trägt.

illuminati

die neujahrssonne strahlt

mit riesigen scheinwerfern

hinter einem vorhang aus fontänen,

die der wind aus den wellen

ins senkrechte katapultiert -

hochgeworfener applaus

während am strand die ersten ausläufer

gänsehautgleich ins meer zurück eilen.

das hellgelbe, klare licht

leuchtet den ersten tag des neuen jahres für uns aus

und in der mitte des gerade entstehenden bildes,

am boden, breitet sich ein quecksilberspiegel

mit goldschlieren aus,

weil der himmel heute für die weite reicht.

ein wokenbild verdoppelter dimensionen,

die sich und alle betrachter erweitern.

old and new

what can elevate the soul more

than the arrival in a friend's smile,

the symphony of laughter,

words and silence?

we are each other's orchestra

and no anchor

will ever be enough.

/zenda 'boshi/

deine freunde

tragen alles weiter:

ein leuchtender abend.

dicht an dicht

wie die blüten der ranunkeln.

eine fülle,

die selbst dein fehlen

noch zusammenhält.

all das

abgewandt von

und doch angelehnt an

das moll

unserer traurigkeit.

to long

to feel the distance stretching

while time slows down.

inevitably and painfully slows down.

to put you into every single thought

while being unable to think.

to not make sense of anything

and celebrate irrelevance

while you are not with me.

innenansichten

die hagebutte

schneit ihre zartrosa blüten

vor meinem fenster herab.

und drinnen: ein lichterspiel

auf meinem parkett

das mir sonne, wind und blätter

schenkt.

am rande des parks

schwimmen möchte ich und tauchen

durch's goldgelb.

vergehen in deinen farben

bevor sie verdunkeln

und sich ins erdreich wühlen.

trunken vor farbe

nach oben schauen

in bunte kronen,

bis auch die letzte abgeworfen wird.

schwimmen auf

und tauchen durch

diesen gelb strahlenden moment,

der mir zu füßen liegt.

ein langes einatmen

von farbe und licht,

bevor unweigerlich

ausgeatmet werden muss.

tagträume

ein unverstellter blick auf's meer -

die blau-smaragdgrüne zugkraft

des dahinter,

die konjunktive einer leeren fläche,

vereinzelte träume...

unterbrochen nur

vom priel zu meinen füßen,

der wie eine tränenspur

über's watt rinnt -

als hätte die düne gerade geweint.

so trägt ihre sehnsucht

meine gedanken voran.

kuba

der letzte gemeinsame abend:
über uns der sternenhimmel hinter ziehenden
wolkenfetzen. nur das weiss der schaumkronen
sichtbar, nur eine einzige helle linie im dunkel.
dahinter vertont das rauschen des meeres
die horizontlinie, die im schwarz der nacht
nur noch zu ahnen ist.
zigarrenrauch in den haaren,
das bild der hände, die sie rollten im kopf,
den sonnenschein noch auf der haut,
die geteilte flasche rum,
gegenüber zwei fremde.
geteiltes wundern über dieses vielschichtige land.
und dann große dankbarkeit,
diesen abend hier im sand zu versitzen,
im austausch miteinander zu stehen.

glücksempfinden

in diesem moment,

als die sonne durch's fenster strahlt,

den rotlackierten holzstuhl in einem eck

zum leuchten bringt,

der magen gefüllt ist

mit couscous und croquetas und

der kopf leichter wird vom starken mojito.

In diesem moment,

mit der sonne und dem malecón im rücken,

und der leere am ende einer langen reise

in den gliedern.

freude aus dem nichts

im vorbeilaufen

öffnet sich ein fenster an der dachschräge.

dann ein zweites.

eine stimme ruft, eine hand winkt -

zwei gesichter werfen zeitgleich

ihr lächeln herab,

das ich auffange und zurück werfe.

ein augenblick des verharrens im moment:

aus auf den rahmen verschränkten armen

und des herbeiwinkens.

fast wie eine kindliche begegnung

kommt dieser augenblick daher -

federleicht und unbesetzt versammelt er uns.

ein treffen im anblick, der hängen bleibt

und noch tage später

meine netzhaut belichtet.

metamorphose

seit es uns gibt, dich und mich,
seitdem schlägt mein herz anders.

meine melodie hat einen neuen ton,
einfach nur weil du sie hörst.
dieser ton heißt du-und-ich,
trägt volles moll und jede dur.

er klingt und resoniert
unaufhörlich.
als wäre er
schon immer da gewesen.

atlantic ahead

how much i long
for the wind
at your shores.
your vast waters
which propel me
into a much needed
peace and connectivity.
the breathing in -
fully and deep.
the breathing out -
effortlessly.
your waves and tides
that in their crashing,
their coming and going
release an ease
about the laws of life
i cannot find elsewhere.

pulsieren

auf mehr oder weniger

zwei milliarden schläge verteilt,

bekommt jedes herz etwas anderes.

meines bekam blättergrün und himmelblau,

wolkenweiß an freien tagen

schwimmend über meerestiefen,

aus dessen abgründen

dur und noch mehr moll nach oben steigt.

was die schläge verbindet?

die wellen

und das ewige treiben

hin zu neuen ufern ...